»Hilfe! Ich will hier raus!« im Unterricht

INHALTSANGABE

u.1

Die Geschichte beginnt damit, dass der zehnjährige Henrik Gruber nachts in seinem Garten in ein tiefes Loch stürzt. Rückblickend wird erzählt, wie es dazu kam. Familie Gruber führte ein geregeltes Leben: Mama Gruber war stolz auf ihren preisgekrönten Garten, Papa Gruber arbeitete bei der Bahn und fuhr in seiner Freizeit mit Leidenschaft Modelleisenbahn. Die 14-jährige Fabienne schwärmte, wie es sich für einen Teenager gehört, für einen Sänger und interessierte sich für Frisuren und Make-up. Und Henrik interessierte sich für nicht viel (außer Kaugummis) und traf sich gern mit seinem Freund Jonas.

Doch alles ändert sich, als unerwartet Oma Cordula vor der Tür steht und verkündet einzuziehen, weil ihr Altersheim abgebrannt ist. Sie ist nicht nur fordernd, sie beginnt auch, alle Familienmitglieder gegeneinander auszuspielen, weil es ihr im Hause Gruber viel zu harmonisch zugeht.

Das Chaos bricht aus, als sie allen nacheinander ein »Geheimnis« anvertraut. Angeblich sind im Garten Goldbarren von Uropa Erik aus der Zeit des Zweiten Weltkriegs vergraben. Nun beginnen alle Familienmitglieder – erst heimlich nachts –, im Garten Löcher zu graben, um das Gold zu finden.

Die Stimmung bei Familie Gruber wird immer schlechter: Fabienne vernachlässigt ihr Äußeres und die Eltern streiten sich nur noch. Nur Oma Cordula ist bester Laune. Um die Situation noch spannender zu machen, verkündet sie, dass die Person, die den Schatz findet, zwei der drei Goldbarren behalten darf. Bald ist der Garten voll von Löchern, und die Stimmung in der Familie wird immer gereizter. Oma Cordula beobachtet alles mit Vergnügen.

Sogar in der Zeitung wird, dank Jonas, von dem verschollenen Goldschatz berichtet, und bald gräbt die ganze Stadt im angrenzenden Stadtpark nach Gold.

Eines Nachmittags kommt Herr Gumpert, der Nachbar, zu Henrik und übergibt ihm eine Kiste, die Uropa Erik ihm vor vielen Jahren gegeben hatte. Henrik vergisst, dass er die Kiste hat, weil kurz darauf sein Vater von einer Leiter stürzt und sich den Arm bricht. Schlimmer allerdings findet Papa, dass er beim Sturz auf seine Modelleisenbahn gefallen ist und dabei seine wertvollste Lokomotive irreparabel zerstört wurde.

Papa erklärt die Schatzsuche für beendet und bestimmt, dass alle wieder zu ihrer normalen Routine zurückkehren sollen. Er repariert – so gut es mit dem gebrochenen Arm geht – seine Modelleisenbahn, Mama versucht, ihren Garten wiederherzustellen. Fabienne hat einen neuen Look gefunden – sie schneidet Löcher in ihre Kleider, färbt sie dunkel und verfilzt ihre Haare. Henrik verbringt viel Zeit im Technikmuseum. Nur Oma Cordula hat wieder schlechte Laune, seit Papa und Mama nicht mehr streiten.

Sie freundet sich aber mit Herrn Gumpert an und scheint darüber zumindest fröhlich zu sein. Oma fragt Henrik nach dem Kästchen und der staunt nicht schlecht, dass sie es mit einem Schlüsselchen, das sie an ihrer Halskette trägt, öffnen kann. Im Kästchen befinden sich alte Fotos und Briefe sowie eine Zeichnung. Oma behauptet, die Zeichnung zeige, wie man zur Mühle im Wald kommt. Henrik ist zuerst misstrauisch und vermutet eine Schatzkarte, dann glaubt er seiner Oma doch. Das wird sich später als Fehler erweisen.

Inzwischen hat Papa aber die Nase voll von seiner Schwiegermutter und setzt sie bei einem Streit vor die Tür. Henrik versucht noch, ihn umzustimmen, aber Oma muss gehen.

Henrik geht die Karte nicht aus dem Kopf – könnte sie nicht doch den Weg zum Schatz zeigen? Da er ein gutes visuelles Gedächtnis hat, malt er sie auf und kommt zu dem Schluss, dass der Schatz unterm Komposthaufen vergraben sein muss. In der Nacht will er sich auf die Suche machen. Doch dabei fällt er in eine der Gruben im Garten. Seine Hilferufe verhallen ungehört. Nach einiger Zeit taucht Jonas mit seinem Hund Nase auf. Der Hund schubst Jonas zu Henrik in die Grube. Als die Jungen überlegen, wie sie sich befreien könnten, hören sie Geräusche, die von unten zu kommen scheinen. Sie beschließen, in diese Richtung zu graben, und stoßen auf eine Höhle. Zu ihrer Überraschung finden sie dort Oma Cordula beim Fernsehen und verschiedene Einrichtungsgegenstände, die aus dem Haus verschwunden waren.

Durch Omas Höhleneingang gelangen die Jungen ins Freie.

Ein paar Tage später kommt ein Brief von Oma Cordula, in dem sie schreibt, dass sie den Schatz gefunden hat, ihn aber für sich allein behalten wird, weil sie sie rausgeworfen haben. Sie wird das Geld dafür nutzen, mit Nachbar Gumpert auf Weltreise zu gehen.

Als sich diese Nachricht in der Stadt herumspricht, kehrt auch dort wieder der Alltag ein und die Bewohner gehen endlich wieder ihren gewohnten Tätigkeiten nach.

Eines Tages kommt ein Paket für Henrik aus Neuseeland von Oma Cordula. Sie schickt ihm den dritten Goldbarren, weil er sie bei sich wohnen lassen wollte. Henrik ist im Moment mit Ausgrabungsarbeiten einer verschütteten Lokomotive im Kurpark beschäftigt. Deshalb will er den Goldbarren wieder im Komposthaufen vergraben, weil er sicher ist, dass ihn dort niemand suchen wird. Ob das eine kluge Entscheidung war, bleibt offen für die Fortsetzungsgeschichte mit dem Titel »Hilfe! Oma kommt zurück!«.

Aufgelockert wird die Geschichte durch Vignetten von Stefanie Jeschke.

DIDAKTISCHES PROFIL DES KINDERROMANS

Das didaktische Potenzial des Romans als Unterrichtslektüre liegt in der Verknüpfung von vertrauten, assimilativen und eher neuen, akkommodativen Aspekten*. Vertraute Charakteristika des Textes, wie etwa in den Dimensionen Thematik, Figuren, Wirklichkeitsbezug usw., ermöglichen den Schüler:innen, einen eigenen, individuellen Zugang zum Text zu finden, und schaffen so Anknüpfungsmöglichkeiten für eine eigene Textdeutung (Assimilation).

Dieser Aspekt zeigt das lesefördernde Potenzial der Erzählung. Der Bereich des literarischen Lernens, auch »literarische Rezeptionskompetenz« genannt, wird durch die neuen, zusätzlichen Anforderungen, die der Text an das literarische Verstehen der Schüler:innen stellt, angesprochen. Tabellarisch kann das didaktische Profil des Romans folgendermaßen dargestellt werden:

* Vgl. Rank, Bernhard (2005): Leseförderung und literarisches Lernen. In: Lernchancen, 8. Jg., Heft 44, S. 4–9.

Dimension des Textes	Das Vertraute: Möglichkeit zur Assimilation (Leseförderung)	Das Neue: Notwendigkeit zur Akkommodation (literarisches Lernen)
Wirklichkeitsbezug	▶ Realitätsnahe Schilderung	▶ Oma, die Streiche spielt und Unfrieden stiftet
Thematik	▶ Familie ▶ Freundschaft ▶ Schatzsuche ▶ Lügen	▶ Zufriedenheit ▶ Rache
Figuren	▶ Übersichtliches Figurenarsenal ▶ Identifikationsangebot durch Henrik	▶ Suchhund »Nase« ▶ Ungewöhnliche Oma

Dimension des Textes	Das Vertraute: Möglichkeit zur Assimilation (Leseförderung)	Das Neue: Notwendigkeit zur Akkommodation (literarisches Lernen)
Sprache/Stil	▶ Wörtliche Rede ▶ Wiederholungen	▶ Andeutungen ▶ Leerstellen ▶ Indirekte Rede ▶ Lange Sätze
Literarische Formelemente/ Erzählkonzept	▶ Humor ▶ Spannung ▶	▶ Offenes Ende ▶ Introtext bei vielen Kapiteln ▶ Vorausdeutungen

LITERARISCHES PROFIL DES KINDERROMANS

U.3

Erzählweise

Der Kinderroman »Hilfe! Ich will hier raus!« von Salah Naoura ist in 22 Kapitel gegliedert. Die Kapitel umfassen jeweils zwischen drei und zehn Seiten.

Das Figurenarsenal ist übersichtlich: Im Mittelpunkt stehen der zehnjährige Henrik, seine 14-jährige Schwester Fabienne, die Eltern Gruber und Oma Cordula. Nebenfiguren sind der Nachbar Herr Gumpert und Henriks Freund Jonas mit seinem Hund Nase.

Die Geschichte spielt vor allem in Henriks Wohnhaus, dem Garten und der umliegenden Gegend.

Die Erzählzeit erstreckt sich über einige Wochen im Sommer inklusive der Sommerferien. Erzählt wird in der Regel im Präteritum, mit einem hohen Anteil an wörtlicher Rede. Eine Ausnahme bilden die Erzählerkommentare, die sich zu Beginn mancher Kapitel finden (z.B. Kapitel 1, 4, 7).

Themen und Motive

Henriks Vater beschreibt die **Familie** zu Beginn der Geschichte als »großartigste Familie der Stadt«. Sie wohnen in einem schönen Haus und sind zufrieden mit sich und ihrem Leben. Mama ist Landschaftsgärtnerin und hat einen grünen Daumen – ihr ganzer Stolz ist ihr makelloser Garten. Papa arbeitet bei der Bahn und ist leidenschaftlicher Modelleisenbahnbesitzer. Die Beziehung der Eltern ist harmonisch. Henriks Schwester Fabienne schwärmt für den kanadischen Sänger Jayden und kümmert sich viel um ihr Aussehen. Nur Henrik kommt sich gar nicht so großartig vor und hat auch keine besonderen Interessen.

Zu seiner **Oma** hatte Henrik bisher gar keine Beziehung – er wusste nicht einmal, dass es sie gibt. Oma Cordula ist keine typische Oma: Sie kennt die Namen ihrer Enkel nicht und hat kein besonderes Interesse an den Kindern. Sie findet Harmonie langweilig, sie mag keine Haustiere, Kinder oder alten Leute. Die Beziehung zu ihrer Tochter, Henriks Mutter, scheint angespannt. Nach dem Tod ihres Mannes war Oma depressiv und konnte nicht mehr selbstständig leben, weshalb sie in einem Pflegeheim untergebracht wurde. Dort kann sie nun nicht mehr bleiben, weil es abgebrannt ist – vermutlich war Oma Cordula daran nicht unschuldig.

Henrik versucht, eine Beziehung zu seiner Oma aufzubauen, aber sie ist meist unfreundlich und ruppig und öffnet sich ihm nur selten. Am Ende der Geschichte schickt sie ihm einen der Goldbarren, weil er sich als Einziger in der Familie dagegen ausgesprochen hat, die Oma wegzuschicken.

Ihr Motiv ist **Rache**. Nach dem Tod ihres Mannes hatte sie eine schwierige Phase. Sie war in eine Depression verfallen und ihre Tochter, Henriks Mama, wusste sich nicht anders zu helfen, als sie in ein Altersheim zu bringen.

Nun wohnt Familie Gruber in Omas Haus, also hat Oma Cordula das Gefühl, aus dem eigenen Haus geworfen worden zu sein. (Später passiert dasselbe noch ein zweites Mal, als Papa Gruber sie rauswirft.)

Oma stellt alle Familienmitglieder und ihre **Zufriedenheit** auf die Probe. Mamas ganzer Stolz war bisher ihr Garten, den sie mit Perfektionismus pflegte. Oma erinnert sie daran, dass sie eigentlich Landschaftsgärtnerin ist – nicht nur Hausfrau und Mutter. Durch die Schatzsuche wird Mamas Garten zerstört. Ihren Schwiegersohn erinnert Oma daran, dass er eigentlich Lokführer sein und nicht nur im Büro arbeiten möchte. Auch sein ganzer Stolz, seine Modelleisenbahn, fällt der Schatzsuche zum Opfer. Fabienne, die viel Wert auf ihre Schönheit legt, hofft darauf, entdeckt und berühmt zu werden. Beim Graben ruiniert sie ihre Kleider und ihre Frisur. Doch sie macht etwas Positives daraus und kreiert einen neuen Stil. Nur Henrik hatte zuvor gar keine Leidenschaft. Er entdeckt im Lauf der Geschichte verschiedene Themen, die sein Interesse wecken.

Henriks Freund Jonas ist oft bei den Grubers, weil seine Mama einen Putzfimmel hat und es dadurch bei ihm zuhause sehr ungemütlich ist. Außerdem streiten seine Eltern häufig und er hat drei Omas, die bei ihm wohnen. Die **Freundschaft** der Jungen wird in der Geschichte auf die Probe gestellt. Henrik ist wütend auf Jonas, als der das Geheimnis des Goldschatzes seinem Cousin verrät, dessen Vater es in seiner Zeitung gleich verbreitet. Außerdem ist Henrik eifersüchtig, weil Oma Cordula zu Jonas immer nett ist und ihn lieber zu haben scheint als ihren eigenen Enkel. Doch als Henrik in der Klemme – bzw. im Loch – steckt, ist Jonas zur Stelle und hilft ihm. Danach nehmen die Jungen ihre Freundschaft wieder auf und verbringen den Rest der Sommerferien mit gemeinsamen Unternehmungen.

Sprache

Der Roman ist größtenteils in kindgerechter, aber anspruchsvoller Sprache und hypotaktischem Satzbau verfasst. Der Gebrauch der indirekten Rede (z.B. S. 29) stellt beim Leseverstehen ggf. eine Herausforderung dar. Zahlreiche Dialoge ermöglichen es jedoch, dass auch Kinder, die das Lesen längerer Texte nicht gewohnt sind, der Handlung folgen können.

Betonte Wörter sind kursiv gedruckt, z.B. »zumindest *fast* perfekt« (S. 8) oder »Wir *sind* Kinder« (S. 10). Gedehnt gesprochene Vokale sind manchmal mehrfach abgedruckt, wie z.B. »Hiiiilfe« (S. 7) oder »Gefäääährlich, gefäääährlich!« (S. 42).

Besonders laut gesprochene Wörter oder Sätze sind mit Großbuchstaben dargestellt: »AHA!« (S. 22) oder »ALARM!« (S. 99).

In der wörtlichen Rede findet man Verkürzungen, wie sie umgangssprachlich üblich sind:

- »Glaub ich aber nicht«, »Sag mir hinterher nicht, ...« (S. 34)
- »Aber die Zeit brauch ich halt, ...« (S. 39)
- »Träum weiter« (S. 73)

Weitere Stilmittel, die die Situationskomik verstärken, sind:

Übertreibungen:
... auf seiner Glatze ganz oben ein paar letzte verschmorte Haarstoppeln vor sich hinqualmten (S. 21)

Wortschöpfungen:

- Zahnspangenlächeln (S. 22)
- Seemannsbart, Seemannslocken (S. 32)
- Raketengeschwindigkeit (S. 43)
- Schokoriegeleinwickelpapier (S. 55)
- Omaohren (S. 61)
- Ameisenlautstärke (S. 72)
- Apfelpflückleiter (S. 141)

Wiederholungen:

- ein sonnengebräuntes mit grauem Seemannsbart, grauen Seemannslocken und meerblauen Seemannsaugen (S. 32)
- Herr Gumpert über seine Mutter: »**Sie hat** den ganzen Tag gejammert und gestöhnt, weil sich angeblich keiner um sie kümmerte – dabei habe ich mich den ganzen Tag um sie gekümmert, von morgens bis abends! Sogar nachts. **Sie hat** nur geschimpft und sich nie bedankt. **Sie hat** sich zehn Jahre lang von mir im Rollstuhl durch die Gegend schieben lassen und stand dann eines Tages auf, um einen Geldschein von der Straße aufzuheben! **Sie hat** ...« (S. 33)
- »Sehr hübsch ...«, »Hübsch ...«, »Hübsch ...« (S. 37–39)
- Oder Schulkantinen, wo es richtig leckeres Essen gibt! Oder Wohnungen für alte Omas und ihre Hunde! Oder ... (S. 57)
- »Der ist im Kurpark«, »Der wollte zum Kurpark«, »Im Kurpark«, »Ich glaub, er sagte was von Kurpark« (S. 94)
- Niemand wird je davon erfahren.
Niemand wird ihn je entdecken.
Niemand wird sich um ihn streiten. (S. 153)

Andeutungen:

- Er brauchte nicht lange zu warten. Denn schon wenige Tage später änderte sich *alles*. (S.12)
- (Frau Schmidtbauer war ebenfalls eingeschlafen und nie wieder aufgewacht.) (S. 47)

- Die ungeheure Wirkung von Worten wurde Henrik zum ersten Mal bewusst, als die Sommerferien begannen ... (S. 88)

Bei Streitereien geht es oft wie beim Ping-Pong hin und her, z.B.: »Kann ich doch!« – »Kannst du nicht!«, »Kann ich doch!« – »Kannst du nicht!« (S. 10, 19 oder 76)

Vergleiche:
- Ein angenehmes Kitzeln, als würden winzige Ameisenfüße auf seiner Haut einen Freudentanz aufführen! (S. 30)
- ... so löchrig wie ein Schweizer Käse (S. 89)
- ... fast schon so knusprig braun war wie die Aufbackbrötchen, die Mama immer zu lange im Ofen ließ (S. 99)
- Aber *wenn* er wütend wurde, explodierte er wie ein überhitzter Dampfkessel. (S. 119)

Metaphern:
- in ein Meer aus Händen sprang (S. 28)
- ein seltsames Knistern lag in der Luft. (S. 86)
- Und die Mallet 22 war nicht nur Papas Herz, sondern mindestens auch noch seine Leber, seine Lungen, seine Nieren und die Milz ... (S. 107)
- wenn die Finsternis ihn einhüllte (S.126)

Einige Wörter und Ausdrücke sind für nicht muttersprachliche Schüler:innen ggf. erklärungsbedürftig, z.B.: wimmeln von (S. 5), ins Leere treten (S. 6), fieberhaft suchen (S. 7), jäten (S. 8), schallen (S. 13), offenkundig (S. 19), hinterlistig (S. 21), wohliges Kribbeln (S. 30), lugen (S. 31) usw.

DEUTUNGSPERSPEKTIVEN

Oma Cordula bringt das geordnete harmonische Leben der Familie Gruber gründlich durcheinander. Sie benimmt sich ziemlich fordernd und unhöflich. Die Harmonie zwischen ihrer Tochter und ihrem Schwiegersohn findet sie lächerlich. Für ihre Enkel interessiert sie sich zunächst nicht besonders. Erst einmal versucht sie Zwietracht zu säen, indem sie sich bemüht, die Familienmitglieder gegeneinander aufzuhetzen: Sie behauptet, Mama fände Papas Modelleisenbahn kindisch. Zu Mama sagt sie, Papa möge ihre Pflanzen nicht. Fabienne erzählt sie, ihre Eltern fänden ihr Schönheitsbewusstsein eine Zeitverschwendung. Doch damit hat sie zuerst nicht viel Erfolg: Keiner glaubt ihr, sondern jeder ist überzeugt, die Unterstützung der anderen zu haben.

Deshalb muss sie sich ein anderes Mittel gegen langweilige Familien überlegen. Schnell ist ihre nächste Idee geboren: Sie spielt die Familienmitglieder gegeneinander aus, indem sie jedem das gleiche »Geheimnis« unter dem Siegel der Verschwiegenheit erzählt. Später stachelt sie den Ehrgeiz und die Gier an, indem sie dem Finder des Schatzes das Gold verspricht. Hiermit hat Oma Erfolg. Alle außer Henrik suchen wie besessen nach dem Schatz. Je länger die Suche erfolglos bleibt, desto gereizter wird die Stimmung. Das stellt Oma zufrieden.

Doch Omas Tricks haben letztendlich ihr Gutes. Alle Familienmitglieder erreichen am Ende das, wovon sie eigentlich geträumt hatten: Mama bekommt von der Stadt den Auftrag, die Bepflanzung des Kurparks neu anzulegen. Papa darf endlich wieder einen Zug fahren. Fabiennes Modeltraum geht in Erfüllung – sie entwickelt sogar ihren eigenen Stil und produziert ihre eigenen Kleider.

Henrik, der sich zu Beginn etwas unzulänglich in seiner großartigen Familie gefühlt hatte, entdeckt schließlich seine Leidenschaft für Erfindungen und Archäologie.

Auch Oma macht in der Geschichte eine Entwicklung durch. Als sie bei Familie Gruber ankommt, ist sie übellaunig, bitter und unbeweglich. Im Lauf der Zeit wird sie agiler, flirtet mit Nachbar Gumpert und geht schließlich sogar auf Weltreise mit ihm, um sich einen Traum zu erfüllen. Zu einer harmonischen Beziehung mit ihrer Familie kommt es aber nicht.

Der Kinderroman lässt sich als Kritik an Gier und Habsucht lesen. Die Erwachsenen sind getrieben von der Gier nach Gold und verlieren jeden Sinn für die Realität und für das, was ihnen eigentlich wichtig ist. Erst als sie innehalten – gezwungen durch Papas Unfall –, besinnen sie sich auf sich.

Außerdem ist er ein Plädoyer dafür, Kindern Zeit, die nicht mit Aktivitäten durchgeplant ist, und Raum zum Denken und Spielen zu lassen. Henriks Sommerferien sind nicht durchgetaktet, und so hat er Gelegenheit, aus eigenem Antrieb in die Bibliothek oder ins Museum zu gehen und zu entdecken, was ihn wirklich interessiert (außer Kaugummis ...).

U.5 METHODENKISTE

Die folgende »Methodenkiste« ist als Ideensammlung zur Planung einer Unterrichtseinheit zum Kinderroman »Hilfe! Ich will hier raus!« gedacht. Sie verbindet anzustrebende Kompetenzen im Deutschunterricht mit möglichen Textumgangsweisen in einem Unterricht zum Roman. Dabei beziehen wir uns auf die von der Kultusministerkonferenz (KMK) verabschiedeten »Bildungsstandards für das Fach Deutsch für den Primarbereich«, die die verbindliche Grundlage für alle in den Ländern zu entwickelnden Lehr- und Bildungspläne in der Grundschule darstellen.

In der rechten Spalte geben wir jeweils mögliche Beispiele für eine konkrete Umsetzung im Unterricht. Hier finden sich auch Verweise zu den Kopiervorlagen und Infoblättern in diesem Heft. Zahlreiche methodische Möglichkeiten sprechen mehrere Bildungsstandards an. Wir haben uns zum Zwecke der Übersichtlichkeit jeweils für einen Bildungsstandard des Bereiches 3.3 (»Lesen – mit Texten und Medien umgehen«) entschieden. Häufig lassen sich auch sinnvolle Bezüge zu den Bildungsstandards der anderen Bereiche herstellen.

Darüber hinaus stehen die vorgeschlagenen Methoden in Verbindung mit einem fächerübergreifenden Ansatz (v.a. mit dem Sach- oder Kunstunterricht), den Sie je nach Klassensituation, Vorwissen und Interessen der Schüler:innen modifizieren können.

Bildungsstandards	Methoden	Beispiele
→ Über Lesefähigkeiten verfügen		
• Altersgemäße Texte sinnverstehend lesen	• Einzelne Abschnitte sinngestaltend vorlesen	• Lesevortrag vorbereiten, dann laut vorlesen • Partnerlesen • Dialoge mit verteilten Rollen lesen, z. B. Kap. 4, 7
• Lebendige Vorstellungen beim Lesen und Hören literarischer Texte entwickeln	• Hörspiel zu Szenen der Geschichte entwickeln	• Drehbuch schreiben • Geräusche überlegen
	• Szenen malen oder spielen	• Zum Beispiel: Oma kommt zur Familie, der Heimleiter und die Polizei kommen, alle graben im Stadtpark, Papa fällt von der Leiter → **K.4, K.9, K.10, K.12**
→ Über Leseerfahrungen verfügen		
• Verschiedene Sorten von Sach- und Gebrauchstexten kennen	• Sachtexte lesen und Informationen entnehmen	• Lexikonartikel suchen und lesen über: – Bromelien – Archäologie – Erfindungen – Nepalesische Hunde
• Kinderliteratur kennen: Werke, Autoren und Autorinnen, Figuren, Handlungen	• Fachbegriffe einführen und anwenden, z. B. Titel, Autor/Autorin, Illustrator/Illustratorin, Verlag, Klappentext, Zeile	• Fachbegriffe anhand des Buchs besprechen und anwenden
	• Thematisch ähnliche Bücher kennenlernen	• Zum Beispiel: L. Krusche: Das Universum ist verdammt groß und supermystisch • Weitere Titel → **I.4**
• Sich in einer Bücherei orientieren	• Gezielt Bücher suchen	• Sachbücher zu tropischen Pflanzen, Erfindungen, Modelleisenbahnen • Andere Bücher von Salah Naoura
• Informationen in Druck- und – wenn vorhanden – elektronischen Medien suchen	• Internetrecherche	• Zum Autor • Zu Hunderassen • Zu Neuseeland • Zu Pflanzen
• Die eigene Leseerfahrung beschreiben und einschätzen	• Zum Inhalt des Textes begründet Stellung nehmen	• Die Handlung einzelner Figuren beschreiben und bewerten → Oma, Henrik, Jonas → **K.7, K.9, K.11**

Bildungsstandards	Methoden	Beispiele
	• Abschließende Bewertung des Leseerlebnisses	• Feedback-Bogen erstellen und ausfüllen
	• Bezüge zur eigenen Lebenswirklichkeit herstellen	• Freundschaft • Rollen in der Familie • Zufriedenheit
→ Texte erschließen		
• Verfahren zur ersten Orientierung über einen Text nutzen	• Titelbild und Umschlagtext untersuchen	• Vermutungen zum Titel anstellen
	• Klappentext lesen	• Textantizipation äußern
• Gezielt einzelne Informationen suchen	• Fragen zum Text beantworten	→ **k.2–k.14**
	• Den Textinhalt rekonstruieren	• Einen Lückentext ergänzen → **k.11** • Satzstreifen oder Textteile ordnen → **k.12**
	• Figuren herausarbeiten	• Welche Figuren kommen in der Geschichte vor? → **k.2, k.3, k.8** • Figurensteckbrief erstellen
	• Die Gedanken und Gefühle der Figuren herausarbeiten	• Wie fühlt sich Henrik im Lauf der Geschichte? • Lässt sich Omas Verhalten als Rache erklären?
	• Wesentliche Textstellen kennzeichnen (unterstreichen, Randmarkierung, farbig markieren ...)	• Erzählerkommentare in verschiedenen Kapiteln • Andeutungen
	• Kapitelüberschriften finden	• Gesamter Roman → **k.14**
• Texte genau lesen	• Veränderten Text vorlesen oder vorgeben, Vergleich mit dem Original	• Textstellen überprüfen • Fehler finden
	• Erzählzeit bestimmen	• Verben unterstreichen • Wortfeld »sagen« → **k.8**
• Texte mit eigenen Worten wiedergeben	• Den Inhalt des Buchs mit eigenen Worten wiedergeben	• Mithilfe von Bildern, Moderationskarten, Stichwörtern oder Sätzen • Kapitelexpert:innen benennen, die den Inhalt einzelner Kapitel zusammenfassen
	• Kapitel gliedern	• Zwischenüberschriften finden • Abschnitte finden und den Überschriften zuordnen
• Zentrale Aussagen eines Textes erfassen und wiedergeben	• Roten Faden zur Geschichte erstellen	• Stichwörter zum Nacherzählen der Geschichte notieren
	• Spannungskurve zeichnen	• Spannungserzeugung untersuchen
	• Gefühlskurven zeichnen	• Für Oma im Verlauf der Geschichte • Für Papa im Verlauf der Geschichte
• Aussagen mit Textstellen belegen	• Aussagen zu einer Fragestellung suchen und Fundstellen angeben	→ **k.8, k.9**
• Eigene Gedanken zu Texten entwickeln, zu Texten Stellung nehmen und mit anderen über Texte sprechen	• Leerstellen des Textes ausfüllen	• Was macht Jonas in den Ferien? • Was macht Oma, nachdem sie das Haus verlassen hat?
	• Tagebucheintrag einer Figur verfassen	• Oma am ersten Abend bei der Familie • Oma, nachdem sie die Familie verlassen hat • Mama am Abend von Omas Ankunft • **k.6, k.9, k.14**
• Bei der Beschäftigung mit literarischen Texten Sensibilität und Verständnis für Gedanken und Gefühle sowie zwischenmenschliche Beziehungen zeigen	• Handlungen, Verhaltensweisen und Verhaltensmotive der Figuren bewerten	• Warum hat Mama nie von ihrer Mutter erzählt? • Ist Henriks Reaktion auf den Zeitungsartikel übertrieben? • Die Rolle der Oma bewerten
• Unterschiede und Gemeinsamkeiten von Texten finden	• Vergleich von Texten	• Einen thematisch verwandten Text lesen und vergleichen (Auswahl siehe oben)

Bildungsstandards	Methoden	Beispiele
• Handelnd mit Texten umgehen: z.B. illustrieren, inszenieren, umgestalten, collagieren	• Eine Textstelle im Rollenspiel darstellen	• Zum Beispiel: Kapitel 4 → **k.4, k.11**
	• Eine Szene oder einen Schauplatz nachmalen	• Zum Beispiel: im Garten/Kurpark, Omas Höhle
	• Einen Brief schreiben	• Henrik schreibt Jonas einen Entschuldigungsbrief / Jonas schreibt Henrik • Henrik schreibt an Oma und bedankt sich für das Geschenk
	• Einen Comic zeichnen	• Zu Kapitel 10 → **k.7** • Zu Kapitel 19 und 20
	• Die Geschichte weiterschreiben	• An verschiedenen Stellen im Verlauf der Geschichte → **k.2, k.11** • Das Ende der Geschichte fortsetzen → **k.13**
	• Ein Kapitel aus anderer Perspektive erzählen	• Aus Omas Perspektive • Aus Fabiennes Perspektive
	• Die Geschichte umschreiben	• Wie wäre es, wenn die Geschichte als Ich-Erzählung aus Henriks Sicht geschrieben wäre? • Oma wird freundlich und integriert sich in die Familie
	• Interview mit einer Figur führen	• Mit Oma • Mit Herrn Gumpert • Mit Mama
	• Einen Tagebucheintrag schreiben	• Mama nach Omas Ankunft • Henrik nach dem Gespräch mit Oma → **k.6** • Oma, nachdem sie den Familienmitgliedern das »Geheimnis« erzählt hat • Henrik nach dem Besuch bei Jonas
	• Ein Hörspiel zu einer Szene verfassen	• Zum Beispiel Kapitel 3, 4, 6, 8
	• Einen fiktiven Dialog zwischen Romanfiguren verfassen	• Gespräch zwischen Mutter und Oma am ersten Abend • Oma weiht Mama/Papa/Fabienne in ihr Geheimnis ein
	• Einen Steckbrief zu einer Figur erstellen	• Henrik, Fabienne, Mama, Oma
	• Standbilder zu einer Szene	• Zum Beispiel: Kapitel 10, 11
→ Texte präsentieren		
• Selbst gewählte Texte zum Vorlesen vorbereiten und sinngestaltend vorlesen	• Eine Textstelle auswählen • Auswahl begründen • Gestaltenden Lesevortrag vorbereiten und üben	• Diese Stelle fand ich besonders witzig/traurig/spannend ...

VORSCHLAG FÜR EINE UNTERRICHTSEINHEIT

Lesetagebuch

Empfehlenswert ist es, die Schüler:innen begleitend zur Arbeit mit dem Roman ein Lesetagebuch führen zu lassen. Hier ist Raum für eigene Gedanken und Notizen, aber auch für im Unterricht erarbeitete Aspekte. Somit ist eine Sicherung der Ergebnisse gewährleistet. Die Schüler:innen können ihre Interessen im Lesetagebuch vertiefen. Außerdem können die bearbeiteten Arbeitsblätter im Lesetagebuch abgelegt werden. So entsteht im Verlauf der Unterrichtseinheit ein individuelles und persönliches Lektürebuch, das als Grundlage für die Reflexion und auch für die Bewertung von Schülerleistungen genutzt werden kann.

Erste Textbegegnung

Eine geeignete Alternative zur klassischen Herangehensweise, den Titel oder das Titelbild des Buchs zu zeigen und die Schüler:innen Vermutungen dazu äußern zu lassen, wäre, der Klasse die erste Seite des 1. Kapitels vorzulesen. Danach kann über den Fortgang der Geschichte spekuliert werden. Anschließend wird das Buch ausgeteilt.

Lesen und Erarbeiten der Erzählung

Das Lesen der Erzählung kann teils zu Hause, teils im Unterricht erfolgen. Abhängig von der Lesefähigkeit und der Selbstständigkeit der Kinder kann sich eine freiere Erarbeitung in individuellem Arbeitstempo oder das gemeinsame Erlesen im Klassenverband anbieten. Dabei sollte nicht das laute Reihum-Vorlesen mit der ganzen Klasse im Vordergrund stehen. Denn vor allem bei noch nicht so sicheren Leser:innen behindert das laute Lesen eher das Textverstehen. Das laute Lesen zeigt lediglich, dass ein Kind die Lesetechnik beherrscht, noch nicht, dass es verstanden hat, was es gelesen hat. Es empfiehlt sich deshalb, vorwiegend Textstellen laut vorlesen zu lassen, die zuvor durch leises Lesen geübt werden konnten.

Eine gute Alternative zum Alleinlesen ist aber das Lesen mit einem Partnerkind.

Zur Sicherung des Leseverständnisses und abschnittsweisen Erarbeitung des Textes lassen sich die Kopiervorlagen **k.2** bis **k.14** einsetzen. Die Aufgaben können dann entweder im eigenen Lese- und Arbeitstempo oder im Gleichschritt bearbeitet werden. Die Kopiervorlagen müssen ggf. dem Stand der Lerngruppe angepasst werden. Sie sollen ein möglichst breites Spektrum an Aufgabenstellungen zeigen, aus dem die Lehrkraft dann Aufgaben für ihre Lerngruppe auswählen und durch eigene Arbeitsaufträge ergänzen kann.

Weitere Arbeit mit der Erzählung

An die gemeinsame Lektüre und Erarbeitung kann sich eine Phase des Weiterführenden Lesens auf verschiedenen Niveaustufen anschließen. Vor allem Schüler:innen, die schon geübtere Leser:innen sind, können ein weiteres Buch, ganz oder auszugsweise lesen und Vergleiche anstellen. Geeignet hierfür wären (siehe auch **i.4**):

- Die Fortsetzungsgeschichte lesen,
- ein anderes Buch des Autors lesen oder
- Bücher, die auch einen Bezug zum Thema haben, lesen.

Reflexion der Lektüre

Im Anschluss an das Lese-Projekt sollten Eltern, benachbarte Klassen und/oder Freunde eingeladen werden, denen die Kinder ihr Buch vorstellen und ihre Arbeitsergebnisse präsentieren. In einer abschließenden Gesprächsrunde muss den Schüler:innen noch einmal Raum gegeben werden, um ihre Meinung zum Buch und zur Unterrichtseinheit zu formulieren und zu begründen. Als Vorbereitung dazu kann ein Feedback-Bogen bearbeitet werden.

Auf der letzten Seite dieses Heftes finden sich Lösungsvorschläge zu einigen Aufgaben der Kopiervorlagen. Hierbei wurden vor allem die geschlossenen Aufgabenstellungen berücksichtigt, bei denen es nur eine korrekte Lösungsmöglichkeit gibt.

Infoblätter

© Till Hülsemann / Beltz & Gelberg

i.1 DER AUTOR SALAH NAOURA

Salah Naoura, geboren 1964 in Berlin, ist der Sohn eines syrischen Vaters und einer Berlinerin. Er wuchs zunächst in Berlin-Friedenau, später in Hessen auf. Nach dem Abitur 1983 absolvierte er seinen Zivildienst in einem Kinderheim. Zunächst wollte er Illustrator werden und bewarb sich an der Kunsthochschule, wurde aber abgelehnt. Zum Studium der Sprachen (Germanistik und Skandinavistik) kehrte er nach Berlin zurück. Nach Abschluss des Studiums (1992) ging Naoura nach Hamburg und arbeitete als Lektor in einem Kinderbuchverlag. Seit 1995 ist er als freier Autor und Übersetzer tätig. Seine ersten Veröffentlichungen waren Erstlesebücher, Bilderbücher, Geschichten und Gedichte. Seit 2008 schreibt er auch längere Kinderbücher. »Hilfe! Ich will hier raus!« wurde 2014 mit dem Leipziger Lesekompass ausgezeichnet und für den Deutsch-Französischen Jugendliteraturpreis nominiert.

Werke (Auswahl)

- **Dilip und der Urknall und was danach bei uns geschah.** Dressler 2012.
- **Star.** Beltz 2013.
- **Hilfe! Ich will hier raus!** Dressler 2014.
- **Hilfe! Oma kommt zurück!** Dressler 2015.
- **Chris, der größte Retter aller Zeiten.** Beltz 2015.
- **Superflashboy.** rororo rotfuchs 2018.
- **Der Ratz-Fatz-x-weg 23.** Beltz 2018.
- **Matti und Sami und die verflixte Ungerechtigkeit der Welt.** Beltz 2019.
- **Matti und Sami und das größte Stück vom Glück.** Beltz 2022.
- **Das Schloss der Smartphone-Waisen.** Carlsen 2022.

Auszeichnungen (Auswahl)

2007 Nominierung für den Deutschen Jugendliteraturpreis für die Übersetzung des Romans »Meisterwerk« von Frank Cottrell Boyce
2011 Luchs des Jahres für »Matti und Sami«
2011 Peter-Härtling-Preis für »Matti und Sami«
2012 Nominierung für den Deutschen Jugendliteraturpreis für »Matti und Sami«
2013 Deutscher Jugendliteraturpreis in der Kategorie Kinderbuch für die Übersetzung von »Der unvergessene Mantel« (Text: Frank Cottrell Boyce) aus dem Englischen ins Deutsche
2014 Nominierung für den Deutsch-Französischen Jugendliteraturpreis für »Hilfe! Ich will hier raus!«

INTERVIEW MIT SALAH NAOURA: »ICH KONNTE MICH NUR SCHWER VON DER FAMILIE GRUBER TRENNEN«

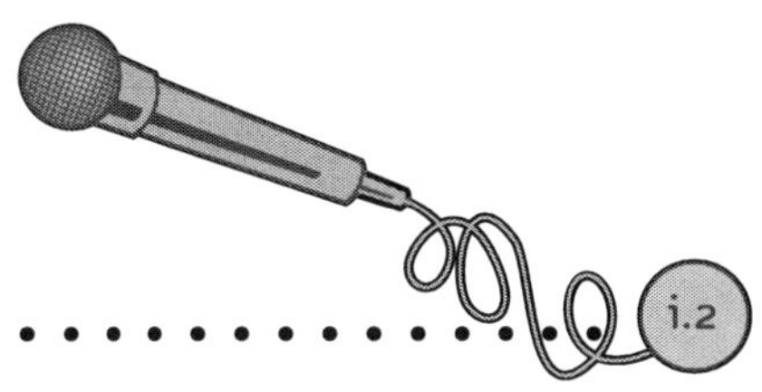

Salah Naoura über seine Figuren, Muße und die Schnelllebigkeit der Gesellschaft

Was würden Sie tun, wenn Sie einen Goldbarren geschickt bekämen oder finden würden?

Wenn ich ihn geschickt bekäme, würde ich mal davon ausgehen, dass es sich um ein Geschenk handelt, und den Goldbarren als Notgroschen für schlechte Zeiten gut und sicher aufbewahren. Wenn ich auf der Straße einen fände, würde ich ihn tatsächlich abgeben und auf einen Finderlohn hoffen. Und bei einem Fund in der Erde: wohl eher behalten, aber ich buddele eigentlich niemals Erdlöcher, daher ist dieser Fall extrem unwahrscheinlich.

Wie ist die Idee für Ihre Geschichte entstanden?

Mir fallen ständig und überall neue Geschichten ein – zuweilen auch abends, kurz vor dem Einschlafen. So auch bei dieser Geschichte. Ich hatte bereits das Licht ausgemacht, als vor meinem geistigen Auge das Bild eines Jungen erschien, der in einem tiefen Loch saß. Das weckte mein Interesse. Wie war dieser Junge in das Loch geraten? Warum gab es dieses tiefe Loch überhaupt? Und wer hatte es gegraben? Und wie würde der Junge am Ende wieder dort herauskommen? Ich schlief die ganze Nacht nicht, sondern dachte über die Geschichte nach. Und am nächsten Morgen war sie fertig (und ich ebenfalls).

Wie verlief der Schreibprozess?

Bei jedem Buch denke ich in der ersten Phase viel über die Figuren nach und mache mir dazu Notizen. Auch über die Erzählperspektive und ganz besonders über den Schluss, denn ich kann eine Geschichte nicht erzählen, ohne genau zu wissen, wie sie enden soll. Das Schreiben selbst kann dann sogar weniger Zeit beanspruchen als die Denkphase – in der Regel dauert die Niederschrift der Rohfassung eines Kinderromans bei mir drei bis vier Monate. Bei »Hilfe! Ich will hier raus!« ging es sehr fix, konzentriert und unproblematisch.

War Oma Cordula gleich als Figur in Ihrem Kopf? Oder hat sie gar reale Vorbilder?

Ja, Oma Cordula als Auslöser der ganzen Geschichte fiel mir ebenfalls in dieser Nacht ein, und es gab in der Tat eine herrische ältere Dame, die mir (zumindest für die erste Idee) als Vorbild diente.

Bauen Sie während des Schreibens eine enge Verbindung zu Ihren Figuren auf?

Eine sehr enge. Ich lebe quasi eine Zeit lang mit diesen Figuren, sie sind meine ständigen Begleiter. Besonders über ihre Psychologie denke ich sehr viel nach, um ein Gespür dafür zu bekommen, wie und aus welcher Motivation heraus jede Figur handelt. Wenn ein Schreibprozess endet, ist es wie ein Abschied. Oft frage ich mich später, was diese Figuren wohl gerade machen, und zuweilen entstehen aus diesen Überlegungen dann Fortsetzungen.

Die Geschichte ist von einem auktorialen Erzählstandpunkt erzählt. Hatten Sie auch in Erwägung gezogen, aus Henriks Sicht in der Ich-Form zu schreiben?

Nein, mit diesem Buch wollte ich stilistisch ganz bewusst etwas Neues machen, weil ich zuvor bereits zwei Kinderromane mit Ich-Erzählern geschrieben hatte (»Matti und Sami«, »Dilip und der Urknall«). Der auktoriale Erzähler hat mich gereizt, weil er (besonders zu Beginn der einzelnen Kapitel) auch Kommentare oder allgemeine Betrachtungen über Familien oder das Leben abgeben kann und damit ein Wechsel der Erzählzeit verbunden ist. In diesen Passagen wechsele ich ins Präsens – das gefiel mir als Kontrast zur Haupthandlung im Imperfekt einfach stilistisch gut.

Haben sich Ihre Figuren manchmal anders entwickelt, als Sie es geplant hatten?

Die Psychologie lege ich wie gesagt vorher fest, während des Schreibprozesses kann es dann passieren, dass sich einzelne Handlungen (in sehr seltenen Fällen sogar der ganze Plot) verändern, weil ich die Figuren dann schon besser kenne und manche Ideen aus der Planungsphase nicht mehr wie ursprünglich gedacht funktionieren. Das muss so sein, denn letzten Endes bestimmt die Figur, was sie tut oder tun kann. Würde ich diesen Grundsatz ignorieren, verlöre die Geschichte an Überzeugungskraft. Nichts ist für die Leserinnen und Leser langweiliger als Figuren, deren Handeln man nicht nachvollziehen kann. Denn das macht jede Identifikation unmöglich.

Henrik hat den ganzen Sommer über Zeit, herauszufinden, was ihn interessiert. Sollten wir Kindern mehr Freiraum und Zeit für Langeweile geben?

Langeweile ist in dem Zusammenhang für mich nicht ganz das passende Wort. (Wer sich wirklich langweilt, hat meiner Überzeugung nach den Kontakt zu sich verloren.) Ich würde es Muße oder Raum für sich selbst nennen. Ja, ich bin absolut der Meinung, dass genau dies in unserer schnelllebigen Gesellschaft mit ihren durchgetakteten Terminplänen fehlt – nicht nur Kindern, auch den Erwachsenen. Soziale Medien verstärken diese Entwicklung noch, weil sie uns ständig ablenken. Die Folgen bei den Kindern (und Erwachsenen) sind Konzentrationsschwierigkeiten, ein Mangel an Vorstellungskraft, innere Leere und Unruhe. Ich sehe diesen Wandel sehr deutlich bei meinen Lesungen. Man kann nur hoffen, dass den Menschen ihr gehetztes und verplantes Leben irgendwann so auf die Nerven geht, dass ein Umdenken stattfindet. Im Moment, meine ich, sind wir auf dem falschen Weg. Übrigens ist Muße auch eine Grundvoraussetzung für Vorlesen und genussvolles Selberlesen. Es ist nicht überraschend, dass Kinder nicht mehr richtig lesen lernen, wenn es kaum mehr Zeiten und Freiräume gibt, sich mit einem Buch zurückzuziehen.

Das Ende bleibt (zumindest halb) offen. Das finden Leserinnen und Leser manchmal unbefriedigend. Was würden Sie diesen Kindern sagen?

Ich würde sagen: Ist doch schön, wenn man in Gedanken immer wieder zu einer geliebten Geschichte und ihren Figuren zurückkehrt – so, wie man einen alten Freund besucht. Und warum tut man es? Weil es noch ein paar spannende offene Fragen gibt, über die es sich nachzudenken lohnt. Toll, so hat man viel länger was davon.

Hatten Sie von vornherein eine Fortsetzung der Geschichte geplant?

Nein. Aber hier ging es mir wirklich so, wie oben bereits beschrieben: Ich konnte mich nur schwer von der Familie Gruber trennen. Also war ein zweiter Band einfach unvermeidlich.

Ihre Protagonisten sind in der Regel Jungen. Sind sie Ihnen näher oder schreiben Sie für Jungen, um sie zum Lesen zu animieren?

Man schreibt bei Kinderfiguren im Grunde immer über das Kind, das man selber einmal war. Daher sind Jungen mir natürlich näher. Und in unserer Branche wird behauptet, lesende Jungen verlangen meist nach Jungenfiguren, während Mädchen da weniger wählerisch sind. Ob das wirklich so stimmt, kann ich nicht beurteilen. Da es aber ohnehin viel mehr Kinderbuchautorinnen als -autoren gibt, herrscht an Büchern mit Mädchenfiguren sicherlich kein Mangel.

Kinder überarbeiten nicht gerne ihre Texte. Wie ist das bei Ihnen?

Ich überarbeite meine Texte ständig. Während des Schreibens und vor allem nach Erstellung der ersten Rohfassung, dann im Dialog mit Freunden und meiner Lektorin. Ich kenne auch keinen Autor und keine Autorin, der oder die es anders handhabt, im Gegenteil, die meisten finden das Überarbeiten/Feilen sogar schöner als den Schreibvorgang. Auf jeden Fall ist kein Text so gut, dass man ihn ohne Überarbeitung gleich veröffentlichen könnte.

Woran arbeiten Sie im Moment? Worauf dürfen sich die Leserinnen und Leser freuen?

Ich arbeite mal wieder an einer Familiengeschichte aus der Sicht eines Ich-Erzählers. Das Thema ist das in meinen Büchern vorherrschende: Wie schaffen Kinder und Jugendliche in Abhängigkeit von ihren Eltern den Spagat zwischen Anpassung und Selbstbehauptung? Ein Roman für ältere Kinder (11–13), der nächstes Jahr erscheinen wird.

Vielen Dank, Herr Naoura!

Interview: Regine Schäfer-Munro (Mai 2024)

TABELLARISCHE KAPITELÜBERSICHT

i.3

Kap.	Seite	Inhalt
Kapitel	Seite	Inhalt
1	5–7	Henrik Gruber ist nachts im Garten unterwegs. Dabei fällt er in ein tiefes Loch, das seine Schwester gegraben haben muss – nur sie gräbt so tiefe Löcher.
2	8–12	Familie Gruber wird vorgestellt: Mama hat einen grünen Daumen und ist sehr stolz auf ihren prächtigen Garten. Papa war Lokführer, arbeitet inzwischen im Management und fährt nur noch Modelleisenbahn. Die 14-jährige Fabienne legt viel Wert auf ihr Äußeres und schwärmt für den kanadischen Sänger Jayden. Nur der 10-jährige Henrik ist ziemlich langweilig – er interessiert sich nur für Kaugummi.
3	13–17	Das Sonntagsfrühstück verläuft nicht so geregelt wie sonst. Vor der Tür steht eine alte Frau, die angeblich Henriks Oma ist und von nun an bei ihnen wohnen will, weil ihr Altersheim abgebrannt ist. Henriks Mutter ist alles andere als erfreut.
4	18–24	Oma Cordula lässt sich bedienen und kommandiert alle herum. Henriks Freund Jonas gefällt ihr besonders gut – er kennt sich auch mit Omas aus, schließlich hat er drei. Kurz nach Omas Ankunft klingelt es wieder. Der Heimleiter und die Polizei behaupten, Oma habe das Altersheim angezündet. Oma tut einfach so, als sei sie verwirrt.
5	25–30	Sobald die Besucher weg sind, ist sie wieder die Alte. Sie lässt sich ihr Frühstück bringen und verlangt dann, das Haus zu besichtigen. Da kein Zimmer für die Oma frei ist, beschließt die Familie, dass sie fürs Erste im Wohnzimmer auf dem Schlafsofa übernachten soll. Sie schläft offensichtlich gut, denn sie schnarcht lautstark.
6	31–36	Am nächsten Tag liegt Oma Cordula im Garten in der Sonne. Der Nachbar, Herr Gumpert, beobachtet sie durch sein Periskop. Er warnt Henrik vor der alten Dame – er selbst hat schlechte Erfahrungen mit seiner Mutter gemacht. Jonas verkündet, dass er einen neuen Hund hat. Oma sagt, dass sie Hunde – ebenso wie Kinder, alte Leute und Tiere – hasst. Sie findet die Familie viel zu harmonisch.
7	37–43	Deshalb beginnt sie, Zwietracht zu säen: Zu Papa sagt sie, dass Mama seine Modelleisenbahn nicht mag. Zu Mama sagt sie, dass Papa ihren Garten nicht mag. Fabienne sagt sie, dass ihre Eltern davon genervt sind, dass sie das Bad immer so lange belegt. Doch die Familie reagiert nicht wie erwartet. Deshalb sucht sie nach einer neuen Idee.
8	44–49	Am Abend kann Henrik nicht schlafen und er besucht Oma im Wohnzimmer. Er stellt ihr viele Fragen, über die sie zuerst genervt ist, doch schließlich erzählt sie ihm vom Altersheim. Zum Schluss vertraut sie ihm noch ein Geheimnis an.
9	50–58	Oma Cordula hat Henrik erzählt, dass sein Uropa vor dem Krieg drei Goldbarren im Garten vergraben habe. Henrik versucht, von Herrn Gumpert etwas über Schätze zu erfahren, ohne sein Geheimnis preiszugeben. Der rät ihm zu graben. Später kommt Jonas mit Nase, dem Hund. Henrik schlägt vor, Goldpapier für Nase zu verstecken, damit er Gold finden kann. Jonas wird neugierig und schließlich weiht ihn Henrik in sein Geheimnis ein. Abends fragt er Oma, ob sie weiß, wo der Schatz vergraben sein könnte. Sie behauptet, genau da, wo Mamas Bromelien wachsen.
10	59–63	Henrik kann nicht schlafen, weil er nur an den Schatz denken kann. Er beschließt, danach zu graben. Doch er begegnet unten im Haus seiner Schwester, die wegen Omas lautem Schnarchen nicht schlafen kann. Gemeinsam verschließen sie deren Mund mit einem Gummi. Dann geht Fabienne ins Bett und Henrik schleicht in den Garten.
11	64–73	Am nächsten Morgen wird Henrik von den Schreien seiner Mutter geweckt, die die Verwüstung ihrer Beete im Garten entdeckt hat. Fabienne verdächtigt ihn gleich der Tat, und als alle seine schmutzigen Finger sehen, kann er sie nicht mehr leugnen. Papa ist wütend und erteilt ihm Stubenarrest, Fernsehverbot und Taschengeldsperre. Nach drei Tagen will Henrik nachts zu Jonas fliehen, doch er entdeckt Mama im Garten – sie gräbt ein Loch! Sie gesteht, dass Oma auch ihr das Geheimnis anvertraut hat. In der nächsten Nacht gräbt Papa und noch eine Nacht später Fabienne.
12	74–79	Da nun alle vom Schatz wissen, bestimmt Oma Cordula, dass alle gleichzeitig graben sollen. Wer den Schatz findet, darf zwei der Goldbarren behalten.

Kap.	Seite	Inhalt
13	80–87	Bald ist der Garten voll von Löchern und die Stimmung in der Familie wird immer gereizter. Oma Cordula beobachtet alles mit Vergnügen. Um der schlechten Stimmung zu entkommen, geht Henrik mit Jonas nach der Schule nach Hause. Dort lernt er dessen drei Omas kennen. Beim Mittagessen ist es ungemütlich. Jonas Mutter hat einen Sauberkeitswahn und es gibt Nudeln mit Tomatensoße. Alle versuchen, nicht zu kleckern.
14	88–93	Zuhause streiten sich die Eltern nur noch, Fabienne ist besessen vom Schatz und pflegt sich nicht mehr – nur Oma Cordula hat beste Laune. Sie überlegt, dass der Schatz vielleicht auch im angrenzenden Kurpark vergraben sein könnte. Da Jonas seinem Cousin, dessen Vater bei der Zeitung arbeitet, vom Schatz erzählt, steht es nun auch in der Zeitung. Bald gräbt der halbe Ort im Kurpark. Henrik ist stinksauer auf Jonas.
15	94–98	Am Samstag ist Freibadwetter, doch Henrik findet niemanden, der mit ihm hingehen möchte, weil alle wie besessen im Kurpark graben. Selbst Herr Gumpert gräbt in seinem Garten. Das Freibad ist geschlossen – weil die Mitarbeiter im Kurpark graben.
16	99–105	Glücklicherweise hat die Bibliothek offen. Henrik leiht sich Bücher aus und macht es sich damit im Garten gemütlich. Da kommt Nachbar Gumpert mit einem kleinen Holzkasten, der einmal Uropa Erik gehört hat. Henrik soll den Kasten seiner Oma geben. Dann hören die Geschwister Papa schreien: »Ich hab ihn!« Er ist im Eisenbahnzimmer und hat einen Hohlraum in der Wand entdeckt. Als er ihn mit dem Hammer einschlagen will, fällt er von der Leiter rückwärts auf seine geliebte Modelleisenbahn.
17	106–116	Papa hat sich den Arm gebrochen. Noch schlimmer für ihn ist jedoch, dass er auf seine seltenste, kostbarste Modelllokomotive gefallen ist. Er erklärt die Schatzsuche für beendet und bestimmt, dass alle wieder zu ihrer normalen Routine zurückkehren sollen. Papa repariert seine Modelleisenbahn, Mama versucht, den Garten wiederherzustellen. Fabienne hat einen neuen Look gefunden. Henrik verbringt viel Zeit im Technikmuseum. Oma hat wieder schlechte Laune, seit Papa und Mama nicht mehr streiten. Eines Nachmittags hört Henrik sie aber lachen – sie kommt gerade mit einer Rose aus dem Garten von Herrn Gumpert. Jetzt fragt sie Henrik nach dem alten Kästchen. Sie öffnen es gemeinsam mit einem Schlüssel, den sie an einem Band um den Hals trägt. Im Kasten befinden sich alte Briefe, eine Locke von Cordula und eine Zeichnung; Oma ist sich sicher, dass sie den Weg zur alten Mühle zeigt. Henrik ist skeptisch.
18	117–121	Die Stadt gräbt weiter nach dem Schatz, während Familie Gruber versucht, wieder den Alltag zu leben. Das ärgert Oma. Papa meint, der Schatz habe nur Unglück gebracht. Oma entgegnet, dass er wenigstens für Abwechslung gesorgt hat und dass Papa dafür dankbar sein sollte. Daraufhin explodiert Papa und setzt Oma vor die Tür.
19	122–130	In den nächsten Tagen verschwinden immer wieder Dinge aus dem Haus. Mama versucht, den Garten wiederherzurichten. Henrik grübelt über Oma Cordula. Vielleicht war die Zeichnung doch eine Schatzkarte, die den Garten zeigt? In der Nacht schleicht er hinaus, dabei fällt er in eines der Löcher. Etwas später hört er, wie noch jemand in ein Loch stürzt – vermutlich seine Schwester. Zum Glück taucht bald ein Hund auf, es ist Nase. Endlich bemerkt Jonas Henrik. Doch dann schubst ihn Nase in die Grube.
20	131–139	Auf einmal hören die Jungen Musik und Geräusche – es klingt, als ob sie von unten kämen. Sie graben weiter und stoßen auf eine Höhle. Dort finden sie Oma Cordula beim Fernsehen. Durch den Höhlenausgang gelangen sie nach draußen. Kurz darauf kommt ein Polizist mit Nase. Der bringt Jonas nach Hause und befreit zuvor noch Fabienne.
21	140–145	Fabienne findet einen Brief von Oma Cordula. Sie schreibt ihrer Familie, dass sie den Schatz gefunden hat und ihn für sich allein behalten wird, weil sie sie rausgeworfen haben. Sie wird von dem Geld mit Nachbar Gumpert auf Weltreise gehen.
22	146–156	Am nächsten Morgen ruft Henrik bei Jonas an, um ihm vom gefundenen Schatz zu berichten. Sie versöhnen sich. In der Stadt wird bekannt, dass der Schatz gehoben ist, und die Leute hören auf zu graben. Mama bekommt den Auftrag, die Grünanlagen der Stadt wieder instandzusetzen. Henrik findet im Park eine echte Mallet-Lok, die im Krieg verschüttet wurde. Die Lok soll hergerichtet und eine Schmalspureisenbahn gebaut werden. Henriks Papa darf sie fahren. Fabienne bringt eine Sommerkollektion mit ihren selbstgenähten Kleidern heraus. Henrik und Jonas gehen ins Freibad. Eines Tages kommt ein Paket für Henrik aus Neuseeland von Oma Cordula. Sie schickt ihm den dritten Goldbarren, weil er sie bei sich wohnen lassen wollte. Henrik ist gerade mit Ausgrabungsarbeiten im Kurpark beschäftigt. Daher will er den Goldbarren zunächst im Komposthaufen vergraben. Jonas erzählt Henrik, dass er einen echten Goldbarren gesehen hat und Nase daran schnüffeln durfte. Die Jungen verabreden sich.

WEITERFÜHRENDE LITERATUR

i.4

Andere Kinderromane von Salah Naoura

- Salah Naoura: **Hilfe! Oma kommt zurück!** Dressler 2015
  Die Geschichte geht weiter: Fundhund Nase spürt den Goldbarren auf und Henriks Eltern nehmen ihn einfach an sich. Dann taucht auch noch Oma Cordula unerwartet früh und bestens gelaunt auf. Was kann da schon schiefgehen?

- Salah Naoura: **Matti und Sami und die drei größten Fehler des Universums.** Beltz 2013
  Im ersten von drei Bänden träumt der 11-jährige Matti von einem Familienurlaub in der Heimat seines finnischen Vaters, was er mit einer faustdicken Lüge auch erreicht. In Finnland aber finden sich Matti, der kleine Bruder Sami und die Eltern auf einmal ohne Bleibe, Geld und Auto mitten in der finnischen Einöde wieder. Nur ein Wunder kann sie retten.

- Salah Naoura: **Der Ratz-Fatz-x-weg 23.** Beltz 2018
  Seit Familie Pittel sich einen »Ratz-Fatz-x-weg 23« angeschafft hat, erkennen Laura und Robert ihre Mutter nicht wieder. Wie besessen saugt sie mit dem Superstaubsauger alles weg, was ihr vor die Nase kommt, vom Staubkorn bis zum Gartenlaub. Was ist nur mit ihr los? Und wer sind die weißen Herren, die aus ihren weißen Schnappkoffern nicht nur Putzmittel zaubern, sondern auch diese Tropfen im Goldfläschchen? Gemeinsam machen sich die Kinder auf, dem Geheimnis der dubiosen Firma »GRÜNDLICH« auf die Spur zu kommen, und geraten in die Fänge eines gigantischen Wüstenimperiums.

Bücher, in denen Großeltern eine große Rolle spielen

- Lisa Krusche: **Das Universum ist verdammt groß und supermystisch.** Beltz 2021
  Gustav spricht nicht mehr. So lange, bis seine Mutter »den Mann« aufgibt, der eh bald wieder weg sein wird. Charles kratzt Gustavs Stummheit nicht, sie will mit ihm losziehen, um seinen Vater zu finden. Gustavs Opa büxt aus dem Altersheim aus und kommt mit auf die Reise, die sie quer durch Europa führt, von Berlin bis nach Istanbul. Und während Gustav immer wieder zweifelt, ist Charles überzeugt von der supermystischen Kraft des Universums und davon, dass am Ende alles gut werden kann.

- Peter Härtling: **Oma.** Beltz 2001
  Ein Klassiker der Kinderliteratur: Fünf Jahre alt ist Kalle, als er seine Eltern verliert. Erst kann er es gar nicht begreifen. Seine Oma nimmt ihn zu sich. Da merkt Kalle, dass alles ganz anders ist als früher mit Vater und Mutter. Oma ist prima, aber – alt! Und Oma denkt: Hoffentlich kann ich den Jungen richtig erziehen – in meinem Alter! Sie erzählt Kalle von »damals«, als alles ganz anders war. Sie machen zusammen eine Reise und haben viel Spaß miteinander. Kalle ist zehn, als Oma krank wird. Da zeigt sich, dass auch sie ihn braucht.

- Laura Dockrill: **Flora.** Beltz 2023
  Floras liebster Ort auf der Welt ist der Blumenstand ihrer Familie in der großen Markthalle. Hier wimmelt es nur so von bunten Blüten und Topfpflanzen aller Art. Für Flora ist es ein magischer Ort. Sie weiß genau, dass sie den Marktstand einmal selbst übernehmen möchte. Genau wie ihre Oma und ihr Papa zuvor. Doch der Traum ist in Gefahr, weil Floras Eltern darüber streiten, den Stand zu verkaufen. Flora muss das verhindern! Eine einfühlsame Geschichte, die Mut macht, seinen eigenen Träumen zu folgen.

- **David Walliams: Gangsta-Oma.** Rowohlt 2018
  Ben muss jeden Freitag bei seiner Oma verbringen, wenn seine tanzverrückten Eltern das Tanzbein schwingen. Bens Oma ist zwar nett, aber so langweilig! Immer will sie bloß Scrabble spielen und sie isst den ganzen Tag nichts anderes als Kohlsuppe! Doch eines Tages findet Ben heraus, dass seine Oma ein Geheimnis hat: Sie war früher eine berühmte Juwelendiebin! Und jetzt plant sie ihr größtes Ding: Sie will die Kronjuwelen der englischen Königin stehlen! Ben ist Feuer und Flamme. Was für ein Abenteuer! Von nun an können die Freitage gar nicht schnell genug kommen.

i.5 FIGURENKONSTELLATION

Papa Gruber
liebt seine Modelleisenbahn, besonders Mallet 22
arbeitet bei der Bahn, früher als Lokführer, heute macht er Fahrpläne
mag Pünktlichkeit

Mama Gruber
Landschaftsgärtnerin und Hausfrau
liebt Bromelien
raucht, wenn sie nervös ist
mag ihre Mutter nicht besonders

Fabienne Gruber
14 Jahre alt
hat lange Haare, tolle Nägel, Augen und Wimpern
will Model, Sängerin oder Schauspielerin werden
schwärmt für den Sänger Jayden

Henrik Gruber
10 Jahre alt
mag Kaugummi
liest gerne Sachbücher

Oma Cordula
weiße Locken
humpelt, hat dicke Füße
schnarcht laut
ist schnell gelangweilt, mag keine Harmonie
mag Krimis
hasst Hunde, Kinder und alte Menschen

Theodor Gumpert
Nachbar
war früher Seemann
muskulös, groß, sonnengebräunt, grauer Seemannsbart, graue Locken und meerblaue Augen
lebt allein

Jonas
Henriks Freund
blond, blass
übernachtet gern bei den Grubers, weil seine Eltern sich oft streiten
hat drei Omas

Nase
gehört Jonas
nepalesischer Suchhund
hat eine gute Nase

Jonas' Mutter
hat einen Sauberkeitswahn, putzt viel

Lesezeichen und Zeilometer

Salah Naoura

Hilfe! Ich will hier raus!

GULLIVER

Dieses Lesezeichen mit Zeilometer hilft dir, wenn du eine Textstelle genau angeben möchtest. Du legst das Zeilometer oben an die Buchseite, so kannst du ablesen, in welcher Zeile etwas steht.

(ACHTUNG: Manchmal beginnt der Text z.B. erst ab Z. 10. Dann das Zeilometer nicht verschieben. Es wird immer oben angelegt.)

Besonders schön wird dein Lesezeichen, wenn du es auf Pappe klebst und bunt gestaltest.

»Hiiiilfe!«

Henrik ist in der Nacht im Garten in eine tiefe Grube gefallen …

1. a) »Manche Familien haben seltsame Angewohnheiten« – welche werden im Text genannt? Schreibe sie auf.

b) Welche seltsamen Angewohnheiten hat deine Familie?

c) Was ist die seltsame Angewohnheit der Familie Gruber?

d) Was denkst du, warum sie das tun? Schreibe deine Vermutung auf.

2. Du erfährst, wer zu Henriks Familie gehört. Schreibe die Personen auf ein Blatt. Du kannst sie auch malen. Notiere dazu, was du über sie erfährst. Ergänze deine Notizen beim Weiterlesen.

3. Warum könnte Henrik nachts im Garten mit der Taschenlampe unterwegs sein? Schreibe zwei Ideen in dein Heft oder Lesetagebuch. Vergleiche mit einem Partnerkind.

4. a) Wie könnte die Geschichte weitergehen? Schreibe mindestens drei Ideen in dein Heft.

b) Vergleicht eure Ideen in der Klasse oder Kleingruppe.

5. * **Profiaufgabe:** Wähle eine Aufgabe:

a) Schreibe, wie es dazu kam, dass Henrik nachts im Garten unterwegs ist.

b) Schreibe das nächste Kapitel mit einer deiner Ideen aus Aufgabe 4.

»Worin bist du großartig?«

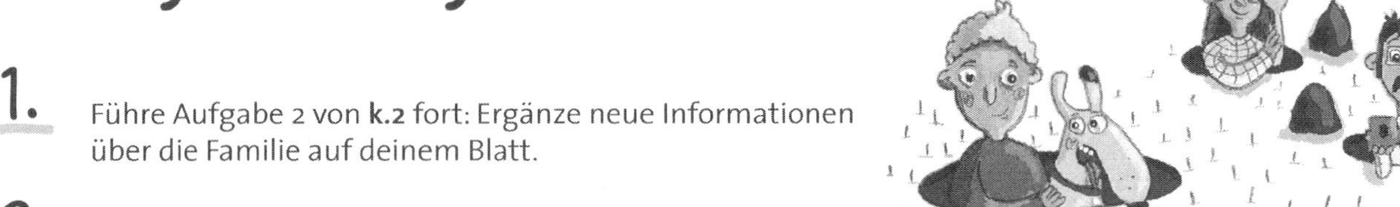

1. Führe Aufgabe 2 von **k.2** fort: Ergänze neue Informationen über die Familie auf deinem Blatt.

2. Recherchiere im Internet: Was sind Bromelien und Kakteen? Schreibe in dein Heft. Du kannst auch ein Foto dazu ausdrucken oder eine Pflanze abzeichnen.

3. Wie ist die Beziehung zwischen Henriks Mama und Papa. Finde im Text Sätze, die deine Meinung belegen. Schreibe zwei Sätze in dein Heft oder Lesetagebuch.

4. Familie Gruber findet sich großartig.

   a) Was bedeutet das Wort »großartig«? Schreibe eine Erklärung oder ein Wort mit gleicher Bedeutung auf.

   ____

   b) Schreibe auf, was an den Personen großartig ist.

   Mama: ______________________________

   Papa: ______________________________

   Fabienne: ______________________________

   Henrik: ______________________________

   c) Wie ist das bei dir? Worin ist jemand aus deiner Familie großartig? Worin bist du großartig?

   ____

   ____

   d) Wie fühlt sich Henrik?

   ____

   ____

5. * **Profiaufgabe:** Erstelle Steckbriefe zu tropischen Pflanzen. Du kannst sie auch zeichnen.

6. Eine Veränderung wird im letzten Satz auf S. 12 angedeutet: »Denn schon wenige Tage später änderte sich *alles*.« Überlege, was passieren könnte. Schreibe eine Fortsetzung des Kapitels.

»Ich bin's, Oma!«

1. Was ist an diesem Sonntagmorgen bei Familie Gruber anders als sonst?

____

____

2. Henrik hat seine Oma noch nie gesehen. Male nach der Beschreibung auf S. 15 ein Bild von ihr in dein Heft oder Lesetagebuch.

3. Wie würdest du dich fühlen, wenn du plötzlich erfährst, dass du ein Familienmitglied hast, von dem dir deine Eltern nie erzählt haben? Schreibe in dein Heft und begründe deine Meinung.

4. Oma Cordula ist etwas anders als andere Omas.

a) Sammle die Unterschiede in einer Tabelle.

Oma Cordula	Manche Omas

b) Wie ist deine Oma oder dein Opa? Schreibe und oder male in dein Heft oder Lesetagebuch.

5. Jonas kennt sich gut aus mit Omas. Schreibe in dein Heft oder Lesetagebuch:

a) Warum kennt er sich mit ihnen so gut aus?

b) Wie geht er mit Oma Cordula um?

6. Spielt die Szene mit dem Heimleiter und der Polizei (S. 21–24) in Kleingruppen nach. Ihr könnt zuvor im Text markieren, welche Figur was sagt. Überlegt euch auch, wie sie sprechen.

7. * **Profiaufgaben:**

a) Warum sagt Mama zu den Polizisten, dass Oma verwirrt ist, obwohl sie weiß, dass ihr Verstand in Ordnung ist? Schreibe deine Vermutung in dein Heft oder Lesetagebuch.

b) Überlege: Wie hätten sich deine Eltern verhalten? Schreibe in dein Heft oder Lesetagebuch.

c) Was denkst du, warum Mama ihren Kindern nie erzählt hat, dass sie eine Oma haben? Wie findest du das? Schreibe deine Meinung in dein Heft oder Lesetagebuch.

»Gefährlich, gefährlich …«

Oma Cordula findet es ziemlich langweilig bei Familie Gruber. Nachbar Gumpert warnt Henrik …

1. Nach dem Frühstück macht Familie Gruber mit Oma eine Hausbesichtigung.

a) Zeichne eine Tabelle (3 Spalten, 6 Zeilen) in dein Heft oder Lesetagebuch. Notiere, durch welche Räume sie gehen und was Oma zu beanstanden hat. Schreibe in die dritte Spalte, wer was dazu sagt.

Raum	Das sagt Oma	Das sagt die Familie
Bad	Badewanne braucht ______________	Henrik: So was gibt's doch gar nicht. Ich kümmere ______________

b) Wo schläft Oma Cordula?

____

2. Am Ende des Tages spürt Henrik etwas Merkwürdiges.

a) Was fühlt er?

____

b) Was denkt er darüber?

____

3. Herr Gumpert warnt Henrik vor alten Frauen. Suche die Textstelle und schreibe auf, warum der Nachbar alte Frauen gefährlich findet.

____

____

____

4. Lest S. 34–36 mit verteilten Rollen.

5. * **Profiaufgabe:** Auf S. 32 sagt Herr Gumpert: »Das unfassbar unverschämte Nachbarmädchen?« Henrik versteht nicht, was er damit meint. Kannst du es erklären? Schreibe in dein Heft oder Lesetagebuch.

6. * **Profiaufgabe:** Jonas hat einen neuen Hund. Er weiß aber nur, dass er aus Nepal kommt. Recherchiere im Internet, um welche Hunderasse es sich handeln könnte. Fertige einen Steckbrief an.

»Wie langweilig!«

Oma Cordula findet, dass ihre Familie zu langweilig ist. Aber dagegen fällt ihr schon etwas ein …

1. Im Altersheim hat Oma Cordula für Abwechslung gesorgt.

a) Schreibe vier Streiche auf, die sie anderen dort gespielt hat.

____

____

____

____

b) Warum hat sie das getan?

____

c) Hast du schon einmal jemandem einen Streich gespielt? Erzähle einem Partnerkind davon.

2. Teile das 7. Kapitel in Abschnitte auf. Übt in Gruppen euren Abschnitt.
- Lest zuerst als Gruppe im Chor, danach zu zweit.
- Lest anschließend der Reihe nach laut mit Betonung vor.
- Die anderen Kinder lesen mit dem Finger mit und geben anschließend ein Feedback.

3. Wie versucht Oma Cordula, in der Familie Unfrieden zu stiften? Schreibe in dein Heft oder Lesetagebuch, was sie zu jeder Person sagt.

4. Henrik unterhält sich am Abend mit der Oma. Danach schreibt er darüber in sein Tagebuch. Schreibe seinen Tagebucheintrag in dein Heft oder Lesetagebuch.

nach dem Tod meines Opas • sehr traurig • alle dachten, dass sie verwirrt ist • viele Tabletten • hat beschlossen, sie nicht mehr zu nehmen • gelangweilt • Brand

5. Jonas' Hund hat eine gute Nase.

a) Recherchiere über den Geruchssinn von Hunden. Schreibe drei Fakten in dein Heft oder Lesetagebuch.

b) Was erschnüffelt Nase für Henrik und Jonas?

____

6. Jonas hat einige Ideen, was er mit einem Goldbarren machen würde. Was würdest du damit tun? Schreibe in dein Heft oder Lesetagebuch.

7. * **Profiaufgabe:** Herr Gumpert erzählt Henrik von verschiedenen Schätzen. Suche dir einen aus und recherchiere dazu im Internet.

»Suchst du den Schatz?«

Henrik macht sich auf die Suche nach dem Schatz. Aber nicht nur er …

1. Zeichne einen Comic oder mehrere Bilder zum Kapitel 10.

> **Tipp**
> So kannst du bei der Gestaltung deines Comics vorgehen:
> a) Überlege, wie viele Bilder du brauchst. Lege ein »Storyboard« an, also eine Tabelle, in der du dir Notizen machst. Hier können schon Ideen für Sprech- oder Gedankenblasen oder auch für Texte unter den Bildern stehen.
> b) Die Bilder des Comics zeichnest du am besten jeweils auf ein DIN-A5-Blatt. Wenn es am Schluss nötig ist, kannst du die einzelnen Bildseiten noch verkleinern.
> c) Die fertigen Bilder klebst du in der richtigen Reihenfolge auf ein Plakat, oder du fotokopierst sie und machst daraus ein kleines Heft.

2. a) Fabienne ist eine gute Detektivin. Wie findet sie heraus, dass Henrik den Garten ruiniert hat?

____

____

b) Wie bestraft Papa Henrik?

____

____

____

c) Wie findest du die Strafe? Begründe deine Antwort.

Ich finde die Strafe ______________, weil ______________

____

____

d) Wurdest du schon einmal von deinen Eltern bestraft? Wie findest du Strafen? Sprich mit einem Partnerkind darüber.

3. In den nächsten Nächten hört Henrik im Garten Geräusche. Wen entdeckt er der Reihe nach? Was wollen die Personen mit dem Gold machen, wenn sie es finden? Schreibe in dein Heft oder Lesetagebuch.

4. * **Profiaufgabe:** Henrik bemerkt, dass seine Eltern lügen, als er sie beim Graben erwischt. Woran hat er es erkannt? Schreibe die Sätze aus dem Buch in dein Heft oder Lesetagebuch.

Mit jedem Tag nahm die Anzahl der Löcher zu …

Nicht nur die Anzahl der Löcher im Garten nimmt zu, sondern auch die der Streitigkeiten bei Familie Gruber …

1. Wer sagt was? Finde die Aussagen im Text und notiere die Fundstelle.

Aussage	Person	Fundstelle
a) Es ist wirklich traurig, dass gewisse Leute ein Geheimnis weitererzählen, obwohl man sie darum bittet, Stillschweigen zu bewahren!	Oma	S. ______, Z. ______
b) Wieso denn ein Haus?		
c) Alaaarm, Alaaarm!		
d) Und warum bist du dann immer so supernett zu ihr?		
e) Und Nase kriegt einen Knochen.		
f) Das gehört sowieso alles mir!		
g) Ab morgen suche ich mir selber eine Arbeit, dann kannst du sehen, wer sich um die Kinder kümmert!		
h) Trödel nicht rum! Grab lieber!		

2. Schreibe alle Verben aus dem Wortfeld **sagen** auf, die im 12. Kapitel verwendet werden. Notiere sowohl die Form im Text als auch die Grundform in deinem Heft oder Lesetagebuch.

3. Henrik und Jonas verstehen sich nicht mehr so gut wie früher. Auf S. 82 steht: »In letzter Zeit sahen sie sich nur noch in der Schule und wussten kaum, worüber sie reden sollten.«

Erkläre, warum das so ist.

____

____

4. Trotzdem beschließt Henrik, nach der Schule mit zu Jonas zu gehen – zum ersten Mal! Was erfährt er dabei über Jonas' Familie? Male die Familienmitglieder auf ein Blatt. Schreibe zu jeder Person, was du über sie erfährst.

5. * **Profiaufgabe:**

a) Henrik ist fasziniert von dem antiken Schrank bei Jonas. Er überlegt, was der Schrank zu erzählen hätte, wenn er sprechen könnte. Schreibe eine Geschichte in dein Heft oder Lesetagebuch, die der Schrank erzählen könnte.

b) Lies die Beschreibung des Schrankes auf S. 83 f. und male ihn auf ein extra Blatt.

Alle graben

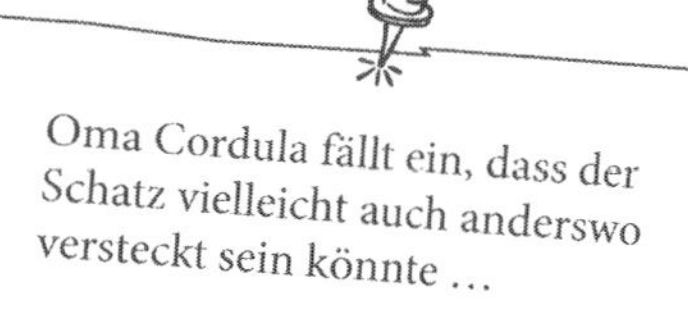

1. Richtig oder falsch? Kreuze an. Schreibe die Seite mit der Textstelle dazu. Schreibe anschließend alle Sätze richtig in dein Heft oder Lesetagebuch.

	richtig	falsch	Seite
a) Seit Beginn der Schatzsuche streiten Henriks Eltern nur noch, was sie früher nie getan hatten.			
b) Fabienne schwärmt immer noch für Jayden.			
c) Oma erinnert sich, dass das Grundstück früher viel größer war.			
d) Der Schatz könnte auch im Haus versteckt sein, vielleicht im Keller.			
e) Oma zeigt der Familie ein altes Foto, auf dem sie als Kind mit drei Goldbarren im Garten zu sehen ist.			
f) Henrik erzählt Jonas von Omas neuesten Informationen.			
g) Jonas erzählt seinem Papa, der bei der Zeitung arbeitet, davon.			

2. »Die Einzige, die nun ständig gute Laune hatte, war Oma Cordula.« Kannst du erklären, warum?

____

____

3. Henrik entdeckt, dass zahllose Menschen im Kurpark Löcher graben.

a) Male ein Bild von der Szene.

b) Warum ist er wütend auf Jonas? Schreibe in dein Heft oder Lesetagebuch.

c) Wer hat Recht – Henrik oder Jonas? Begründe deine Meinung. Schreibe in dein Heft.

4. Am Samstag möchte Henrik ins Freibad gehen. Wen fragt er, ob sie mitgehen möchten?

____

____

5. Wie erfährt Henrik schließlich, warum alle Leute im Kurpark sind?

____

6. * **Profiaufgabe:** Schreibe in dein Lesetagebuch, was Henrik am Abend in seinem Tagebuch notieren könnte.

Überlege, wie er sich fühlt.

»Ich haaaaaaaaab ihn!«

Herr Gumpert gibt Henrik eine alte verschlossene Kiste, die seinem Uropa gehörte …

1. a) Herr Gumpert gibt Henrik ein Holzkästchen. Was erfahren wir darüber?

   ____

   ____

   b) Was könnte im Kästchen sein? Schreibe drei Ideen auf.

   ____

   ____

   ____

2. Mama und Fabienne kommen aus dem Park und sehen fürchterlich aus. Male ein Bild von einer der beiden Personen (oder von beiden).

3. Statt Gold zu finden, passiert Papa etwas anderes. Henrik würde Jonas gern davon berichten, will aber immer noch nicht mit ihm sprechen. Schreibe auf, was er Jonas in einem Brief schreiben könnte.

4. »Nach dem Tod der Mallet veränderte sich das Leben der Familie Gruber zum zweiten Mal.« (S. 109) Schreibe in dein Heft oder Lesetagebuch, was sich für die einzelnen Personen verändert.

5. Henrik gibt Oma Cordula das Kästchen ihres Vaters. Sie kann es leicht öffnen.

   a) Wie macht sie das? ______________________________

   b) Was ist im Kästchen? Schreibe auf oder male.

6. * **Profiaufgabe:** Fabienne erzählt, dass im Park einiges los war unter den Goldgräbern (S. 102). Schreibe einen Zeitungsartikel, der über den Tag berichtet.

7. * **Profiaufgabe:** Henrik legt eine Liste über die Reihenfolge der Erfindungen von der Steinzeit bis heute an. Versuche selbst, so eine Liste zu schreiben. Du kannst dir zehn oder fünfzehn Erfindungen aussuchen.

»Dafür solltest du mir dankbar sein!«

1. Verbinde die Satzteile, die zusammengehören. Fülle die Lücken. Schreibe die Sätze dann vollständig in dein Heft oder Lesetagebuch.

Oma Cordula ____________, dass	der Schatz viel ____________ gebracht hat.
Fabienne hat keine Zeit zu ____________, weil	ein ____________ den Goldschatz findet.
Henrik hat keine ____________, denn	die Schatzsuche für ein wenig ____________ gesorgt hat.
Papa findet, dass	er muss seine Liste der ____________ fertigstellen.
Oma denkt aber, dass	sie ihre ____________ fertigstellen muss.

Diese Wörter musst du einsetzen. Achtung: Zwei passen nicht!
Sommerkollektion • Lust • befürchtet • Zeit • Unglück • Fremder • Erfindungen • Pfeffer • graben • Glück

2. Oma sagt zu Papa: »Dafür solltest du mir dankbar sein!« Beantworte in deinem Heft oder Lesetagebuch:

a) Wofür soll Papa dankbar sein?

b) Wie reagiert Papa?

c) Wie findest du Papas Reaktion? Begründe deine Meinung.

d) Spielt die Szene zu zweit nach.

3. Verschiedene Dinge verschwinden aus dem Hause Gruber. Erstelle eine Liste der Gegenstände in deinem Heft oder Lesetagebuch.

4. Henrik begibt sich ein letztes Mal auf Schatzsuche.

a) Wo will er suchen? ________________________________

b) Er fällt in ein Loch und hat gemischte Gefühle. Was fühlt er bei Dunkelheit, was bei Mondschein? Schreibe in eine Tabelle in deinem Heft.

5. * **Profiaufgabe:** Henrik überlegt, wohin Oma gegangen sein könnte. Erzähle die Geschichte aus Omas Sicht weiter. Schreibe es in dein Heft oder Lesetagebuch.

»Nanu, hast du das gehört?«

1. Auf S. 133 erfahren wir, warum Jonas nachts unterwegs war. Schreibe in der Ich-Form auf, was Jonas erzählt.

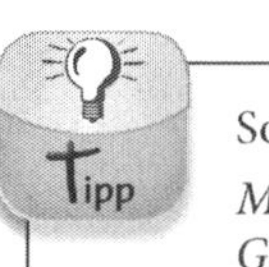

So kannst du beginnen:
Mein Papa und ich sind noch mal mit Nase Gassi gegangen. Am Rathausplatz ist Nase …

2. Bringe die Sätze in die richtige Reihenfolge.

	Sie stoßen auf eine Höhle.
1	Plötzlich hören die Jungen Geräusche.
	Sie zeigt den Jungen den geheimen Ausgang.
	Durch ein Loch in der Brombeerhecke gelangen sie in Henriks Garten.
	Darin finden sie Oma Cordula und alle verschwundenen Gegenstände.
	Oma ist genervt, weil sie beim Fernsehen gestört wird.
	Die beiden klettern eine lange Leiter hoch und stehen in Herrn Gumperts Garten.
	Jonas und Henrik graben in die Richtung, aus der sie Musik hören.

3. Male ein Bild von Omas Höhle in dein Heft oder Lesetagebuch.

4. Wer erwartet die Jungen im Garten?

____

5. Am nächsten Tag begegnet Henrik im Kurpark einer anderen Art von Gräbern. Sie haben einen seltsamen Gegenstand gefunden.

a) Was vermuten sie, was es sein könnte?

____

b) Was vermutet Henrik?

____

6. * **Profiaufgabe:** Recherchiere im Internet über Archäologie oder berühmte Archäologen.

»Niemand wird je davon erfahren«

1. a) Henrik und Jonas telefonieren. Lest das Gespräch zu zweit.

b) Jetzt unternehmen die Jungen wieder Dinge miteinander. Kreuze an, was sie tun.

- ☐ ins Freibad gehen
- ☐ Nase Gegenstände suchen lassen
- ☐ die Liste der Erfindungen anschauen
- ☐ Eis essen gehen
- ☐ im Hochgebirge klettern
- ☐ mit Nase Unfallrettung üben

2. Mama und Papa bekommen neue Jobs. Schreibe auf, was sie in Zukunft tun werden.

Mama ______________________________

Papa ______________________________

3. Aus welchem Land kommt das Paket, das Henrik bekommt? Suche es auf einer Landkarte.

____

4. Oma spricht Henrik im Brief mit seinem richtigen Namen an. Schreibe alle anderen Namen in dein Heft oder Lesetagebuch, die Oma im Buch für ihren Enkel benutzt. Wie viele findest du?

5. Beantworte die Fragen in deinem Heft oder Lesetagebuch.

a) Henrik ist gar nicht so aufgeregt über den Schatz. Warum?

b) Was macht er mit dem Goldbarren?

c) Was würdest du mit dem Goldbarren machen?

6. Lies die letzten beiden Seiten noch einmal. Überlege, wie die Geschichte weitergehen könnte.

Profiaufgaben:

7. * Fabienne hat ihre Sommerkollektion fertiggestellt. Zeichne ihre Kreationen.

8. * Im Kurpark wurde eine Mallet 11 gefunden. Schreibe einen Artikel darüber für die Tageszeitung.

9. * Oma ist in Neuseeland. Recherchiere und erstelle einen Ländersteckbrief über das Land.

»Hilfe! Ich will hier raus!«

1. In vielen Büchern tragen Kapitel Überschriften. In »Hilfe! Ich will hier raus!« sind die Kapitel nur nummeriert. Finde passende Kapitelüberschriften und schreibe sie in dein Heft oder Lesetagebuch.

2. Viele Kapitel des Buchs beginnen mit einer kurzen Einleitung, nicht direkt mit der Handlung.

   a) Suche mindestens fünf Kapitel, in denen das so ist.

   Kapitel: ______________________________

   b) Überlegt in der Klasse, welche Wirkung das hat.

3. Es wird nie gesagt, ob Oma den Brand im Altersheim verursacht hat. Mach dich an die Detektivarbeit und suche nach Beweisen, die dafürsprechen, dass sie die Brandstifterin war. Notiere die Seiten und Zeilen in deinem Heft oder Lesetagebuch.

4. a) Welche Adjektive beschreiben Henriks Oma gut? Unterstreiche die Wörter, die du passend findest.

   unfreundlich • hinterlistig • abenteuerlustig • böse • gemein • unzufrieden • lustig • faul • nett • großzügig • geduldig • vergesslich • kriminell • geschickt • langweilig • altmodisch • musikalisch • ungerecht • klug • fürsorglich

   b) Schreibe mindestens fünf Sätze mit den Adjektiven und einer Begründung in dein Heft oder Lesetagebuch.
   Beispiel: *Oma Cordula ist großzügig, weil sie Henrik ...*

   c) Welche Adjektive beschreiben deine Oma / deinen Opa gut? Finde mindestens acht Adjektive.

   ____

Profiaufgaben:

5. * In Kapitel 18 verwendet Salah Naoura Vergleiche, um Papas Reaktion anschaulich zu machen. Finde die Sätze im Text und ergänze die Lücken.

   ... explodierte er wie ein ______________________________

   Papa ging hoch wie ______________________________

6. * Suche andere Vergleiche im Buch oder ergänze Vergleiche an einer passenden Stelle. Schreibe in dein Heft oder Lesetagebuch.

   Beispiel: *S. 79: »Hektor! Trödel nicht rum! Grab lieber!«, befahl Oma Cordula wie ein Feldwebel.*

7. * Oma Cordula wollte sich an ihrer Familie dafür rächen, dass sie im Altersheim leben musste. Was denkst du: Könnte das ihr Verhalten erklären? Hat die Familie diese Rache verdient? Schreibe in dein Heft oder Lesetagebuch und begründe deine Meinung.

Lösungen und Lösungsvorschläge

1. a) Jeden Freitag Fischstäbchen mit Ketchup zu essen, nachts heimlich das Laub aus dem eigenen Garten über den Zaun zu den Nachbarn rüberzuwerfen, sich streiten, telefonieren, anstatt zu reden, jedes Jahr im Sommer für drei Wochen nach Dänemark fahren, weil sie eben schon immer im Sommer für drei Wochen nach Dänemark gefahren sind.
c) Tiefe Löcher graben.

3. »Wärest du so nett, Liebling?« Dann sprang er sofort auf und zupfte einen Grashalm raus, der etwas länger war als all die anderen.
Und wenn es ab und zu vorkam, dass die Grubers eine Bahnreise unternahmen (...), sagte Mama lachend: »Schatz, das musst du noch mal überarbeiten.«
4. a) sehr gut / beeindruckend / außergewöhnlich
b) Mama: kann alle Pflanzen zum Blühen bringen
Papa: macht Fahrpläne, die großartig funktionieren
Fabienne: hat perfekte Wimpern und Haare
d) Henrik hat kein besonderes Interesse und fühlt sich sehr unwohl, als seine Familie ihn befragt (bekommt Magengrummeln). Er fühlt sich wie ein normaler langweiliger Zehnjähriger.

1. Jonas kommt zu spät zum Frühstück.
Papas Dampflok fährt nicht zur richtigen Zeit.
3. a) Oma Cordula: tut so, als sei sie verwirrt, ist unfreundlich, fordernd, vergisst die Namen ihrer Enkel
Manche Omas: kaufen ihren Enkeln schöne Geschenke, sagen nette Dinge, sind liebevoll, bieten ihren Kindern Hilfe an
4. a) Er hat 3 Omas.
b) Er schritt auf Oma Cordula zu, gab ihr die Hand und sagte: »Mach's dir doch ein bisschen bequem, Oma Cordula!«
Er zog einen kleinen Hocker heran und legte Omas Pantoffelfüße drauf.
Er stellte die Rückenlehne des Sessels ein paar Zentimeter zurück.
Er nahm zwei kleine Kissen und stopfte ihr eins in den Rücken und eins in den Nacken.
Er holte die Wolldecke, die über der Sofalehne hing, und deckte die Oma damit zu.

1. a)

Raum	Das sagt Oma	Das sagt die Familie
Bad	Badewanne braucht auf jeden Fall eine Tür	Henrik: So was gibt's doch gar nicht. Papa: Ich kümmere mich darum.
Schlafzimmer	Hier schlafe ich. Ich kann auch mit euch im Bett schlafen. Du konntest noch nie gut teilen.	Mama: Das ist unser Schlafzimmer. Das geht nicht.
Henriks Zimmer	Das hier war früher mein Zimmer. Wo ist denn die schöne Blümchentapete geblieben? Die muss wieder rein. Und das ganze Legozeugs muss weg.	Henrik: Das ist mein Zimmer.
Fabiennes Zimmer	Dieses Zimmer ist zu klein. So wie im Pflegeheim. Ach, und solche Gardinen da hatte ich auch ... Die brennen wie Zunder.	Fabienne: Magst du Jayden?
Dachbodenzimmer	Das Zimmer hat eine gute Größe, aber die Eisenbahn muss raus. Es gibt auf der Modelleisenbahn keine Figuren von alten Menschen.	Papa: Das ist meine geliebte Welt. Es hat lange gedauert, sie zu bauen. Ich werde eine Packung mit Omas und Opas kaufen.

b) Im Wohnzimmer

3. Als seine Mutter krank wurde, musste er seinen Beruf aufgeben, um sie zu pflegen. Sie hat viel gejammert, war unzufrieden und undankbar.

1. a) Schuhcreme in Zahnpastatuben gefüllt. Krückengriffe mit Honig beschmiert. Schnürsenkel verknotet. Gebisse versteckt. Pillen vertauscht. Unwahre Dinge erzählt und sich dann gefreut, wenn deswegen Streit ausbrach.
3. zu Mama: Hübsch, dein Garten, aber dein Mann hat mir erzählt, dass er Blumen eigentlich nicht leiden kann, am allerwenigsten Bromelien.
zu Papa: Sehr hübsch, deine Modelleisenbahn, aber mein Töchterlein hat mir erzählt, dass sie dein Hobby ziemlich kindisch findet.
zu Fabienne: Hübsch, deine Haare, aber deine Eltern haben mir erzählt, dass du immer stundenlang im Bad herumstehst, um dir die Haare zu föhnen, die Wimpern zu tuschen und die Fingernägel zu lackieren. Sie finden, dass man seine Zeit sinnvoller nutzen kann, und außerdem würden sie ab und zu ganz gerne mal aufs Klo gehen.

2. a) Er gähnt. Seine Hände sind schmutzig. Ein Bromelienblatt hängt an ihm.
b) Die nächsten zwei Wochen muss Henrik direkt nach der Schule in seinem Zimmer verschwinden und darf nur zum Abendessen herunterkommen. Er darf sich nicht mit Jonas treffen, er darf weder telefonieren noch fernsehen noch Computer spielen. Er bekommt drei Monate lang kein Taschengeld.
3. Mama: Gartengestaltung, Papa: Flughafen für Modelleisenbahn mit echten Rolltreppen, Fabienne: Klamotten von Gucci und Prada, dazu hundert Paar Schuhe

1. a) Oma: S. 75, Z. 3–5; b) Fabienne: S. 75, Z. 21; c) Herr Gumpert: S. 77, Z. 4; d) Henrik: S. 77, Z. 16 f.; e) Jonas: S. 78, Z. 3; f) Papa: S. 78, Z. 16; g) Mama: S. 78, Z. 17–19; h) Oma: S. 79, Z. 18
2. erzählt – erzählen, sagen – sagen, fragt – fragen, rief – rufen, meinte – meinen, bestimmte – bestimmen, brüllte – brüllen, schimpfte – schimpfen, erklärte – erklären, brummte – brummen, schrie – schreien, keifte – keifen

1. richtig: a) S. 89, c) S. 90, f) S. 91
falsch: b) S. 89, d) S. 90, e) S. 91, g) S. 91

(K.10)

4. Mama trauerte um ihren schönen Garten und begann, das verwüstete Bromelienbeet wieder mit Erde aufzufüllen.
Papa trauerte um seine Lieblingslok und begann mit dem Wiederaufbau des Hauptbahnhofs.
Fabienne hatte einen neuen Look – färbte alle Kleider schwarz, grau oder dunkelbraun und schnitt Löcher hinein. Verfilzte ihre Haare und dekorierte sie mit Zweigen. Hängte alle Jayden-Poster ab.
Henrik ging oft ins Museum für Fortschritt und Technik und in die Bücherei, schrieb dort lange Listen über die Reihenfolge der Erfindungen von der Steinzeit bis heute.
Oma Cordula hatte schlechte Laune, seit sich die Eltern nicht mehr stritten, freundete sich mit Herrn Gumpert an.

1. Oma Cordula befürchtet, dass ein Fremder den Goldschatz findet.
Fabienne hat keine Zeit zu graben, weil sie ihre Sommerkollektion fertigstellen muss.
Henrik hat keine Zeit, denn er muss seine Liste der Erfindungen fertigstellen.
Papa findet, dass der Schatz viel Unglück gebracht hat.
Oma denkt aber, dass die Schatzsuche für ein wenig Pfeffer gesorgt hat.
2. a) Dafür, dass der Schatz für Abwechslung in der langweiligen Familie gesorgt hat.
b) Er rastet aus und wirft Oma aus dem Haus.
3. a) Toaster, Decken und Kissen, Geschirr und Besteck, Tiffany-Stehlampe, Fernseher, Mamas Rosenschere, Blumenkübel, Kissen von zwei Liegestühlen
4. a) Im Komposthaufen
b) Dunkelheit: Dieser verdammte Schatz! Wäre ich doch bloß nicht noch mal losgegangen, um ihn zu suchen! Diese verdammte Oma Cordula! Diese verdammten Löcher!
Mondschein: Eigentlich war alles, was bis zu diesem Augenblick geschehen war, merkwürdigerweise ganz toll. Eigentlich ist unser Leben viel spannender geworden, seit wir eine Oma haben.

2. Plötzlich hören die Jungen Geräusche. Jonas und Henrik graben in die Richtung, aus der sie Musik hören. Sie stoßen auf eine Höhle. Darin finden sie Oma Cordula und alle verschwundenen Gegenstände. Oma ist genervt, weil sie beim Fernsehen gestört wird. Sie zeigt den Jungen den geheimen Ausgang. Die beiden klettern eine lange Leiter hoch und stehen in Herrn Gumperts Garten. Durch ein Loch in der Brombeerhecke gelangen sie in Henriks Garten.
4. Die Polizei.
5. a) Topf, Rohr; b) Schornstein

1. ins Freibad gehen, Nase Gegenstände suchen lassen, die Liste der Erfindungen anschauen, mit Nase Unfallrettung üben
3. Neuseeland
4. Hindenburg (S. 19), Heinrich (S. 27), Hinnerk (S. 44), Herbert (S. 48), Hermann (S. 58)

2. 1, 2, 3, 4, 7, 9, 10, 14, 17, 21
3. S. 15/47: Sie hatte Zeit, ihren Koffer zu packen.
S. 27: Ach, und solche Gardinen da hatte ich auch ... Die brennen wie Zunder.
5. a) wie ein überhitzter Dampfkessel, wie eine Rakete